Computación en la Nube

2ª Edición

Ángel Arias

ISBN: 978-1506192475

Tabla de Contenidos

TABLA DE CONTENIDOS..3

NOTA DEL AUTOR..7

INTRODUCCIÓN...9

CLOUD COMPUTING..13

Servicios ofrecidos en Cloud Computing.............................13
Modelos de Implementación de Cloud Computing............15
Tecnologías...16
Implementación de una nube..17

CONSUMO ENERGÉTICO DE LAS TI.......................................20

Tecnologías y Hardware...21
Tecnologías y Data Centers..25
El Sistema Operativo y la Virtualiación................................26
Green Networking..27

GREEN CLOUD COMPUTING...32

PRESENTE Y FUTURO..36

CARACTERÍSTICAS PRINCIPALES DEL CLOUD COMPUTING 39

INTRODUCCIÓN 39
POSIBILIDADES Y BENEFICIOS 39
AGILIDAD 41
ELIMINA LA NECESIDAD DE INVERSIONES ANTICIPADAS 41
BAJO COSTE 42
INFRAESTRUCTURA SELF-SERVICE 42
DESAFÍOS 44
INTEROPERABILIDAD 44
ORGANIZACIONES 45
OPEN APIS 47

EJEMPLOS SENCILLOS DE IMPLEMENTACIÓN 52

CONFIGURAR UN SERVIDOR CLOUD COMPUTING DE ZERO 52
CONFIGURAR UN SERVIDOR WEB EN EL CLOUD AMAZON (AWS) 56

CLOUD COMPUTING COMO HERRAMIENTA DE MARKETING 62

EL CLOUD COMPUTING EN EL MERCADO 67

CASO DE ESTUDIO. VISUAL ATTENTION SERVICE 70
LA SOLUCIÓN 76

CONCLUSIONES DEL CASO DE ESTUDIO 80

CONCLUSIONES 82

REFERENCIA BIBLIOGRÁFICA...83

ACERCA DEL AUTOR 85

Nota del Autor

Esta publicación está destinada a proporcionar el material útil e informativo. Esta publicación no tiene la intención de conseguir que usted sea un maestro de las bases de datos, sino que consiga obtener un amplio conocimiento general de las bases de datos para que cuando tenga que tratar con estas, usted ya pueda conocer los conceptos y el funcionamiento de las mismas. No me hago responsable de los daños que puedan ocasionar el mal uso del código fuente y de la información que se muestra en este libro, siendo el único objetivo de este, la información y el estudio de las bases de datos en el ámbito informático. Antes de realizar ninguna prueba en un entorno real o de producción, realice las pertinentes pruebas en un entorno Beta o de prueba.

El autor y editor niegan específicamente toda responsabilidad por cualquier responsabilidad, pérdida, o riesgo, personal o de otra manera, en que se incurre como consecuencia, directa o indirectamente, del uso o aplicación de cualesquiera contenidos de este libro.

Todas y todos los nombres de productos mencionados en este libro son marcas comerciales de sus respectivos propietarios. Ninguno de estos propietarios ha patrocinado el presente libro.

Procure leer siempre toda la documentación proporcionada por los fabricantes de software usar sus propios códigos fuente. El autor y el editor no se hacen responsables de las reclamaciones realizadas por los fabricantes.

INTRODUCCIÓN

El crecimiento continuo, en tamaño y complejidad, de la infraestructura de TI que soporta los sistemas de información, ha llamado la atención, a la necesidad de simplificar la administración y reducir los costes asociados a su mantenimiento, y más recientemente, a la necesidad de reducir el impacto ambiental causado, principalmente, por el excesivo consumo de energía.

Utility computing es una enfoque en el que los servicios son ofrecidos bajo demanda, de la misma forma que la electricidad y telecomunicaciones. Esta es una tendencia anunciada y buscada desde los principios de la informática, ya que libera a los usuarios de la complejidad de tener que administrar los recursos computacionales y de los costes de mantener una infraestructura sobredimensionada para atender posibles picos de demanda, limitándose a utilizar los recursos necesarios en cada momento y pagando sólo por lo que fue utilizado.

La evolución de las tecnologías como grid computing, clusters computacionales, virtualización, web services y arquitectura orientada a servicios, así como el aumento de la capacidad y la reducción de los costes de las redes de ordenadores y de internet, permitieron llegar a un nueva enfoque, que supera el concepto tradicional de utility computing, la cual es conocida como computación en nube, o cloud computing. La computación en nube puede ser descrita como lo que ocurre en un entorno computacional en el cual las aplicaciones, la plataforma de desarrollo o la infraestructura son suministrados en forma de servicios accedidos por medio de Internet, de forma flexible y bajo demanda.

Con este enfoque, las organizaciones usuarias solamente necesitan mantener una pequeña infraestructura compuesta por los dispositivos de usuario y por la red de acceso y suscribir los servicios necesarios, quedando para los proveedores la responsabilidad de mantener la infraestructura, la plataforma y las aplicaciones debidamente actualizadas. Además de la simplicidad y flexibilidad, este modelo genera economía por el reparto de los recursos físicos y por la alta especialización de los proveedores.

Tradicionalmente los sistemas informáticos fueron desarrollados más orientados al rendimiento y sin la preocupación de la eficiencia energética. Pero con la llegada de los dispositivos móviles, esta característica han cobrado se ha convertido en prioritaria motivada por la necesidad de aumentar la autonomía de las baterías. Recientemente la gran concentración de equipamientos en los data centers puso en evidencia los costes del manejo ineficiente de la energía en la infraestructura de TI, tanto en términos económicos como medioambientales, lo que llevó a la adecuación y aplicación de las tecnologías y de los conceptos desarrollados para la computación móvil, para todos los equipamientos de TI y para la infraestructura en general.

La mayor conciencia ambiental, la legislación más restrictiva y la necesidad de mantener una imagen positiva ante la creciente exigencia de la sociedad, así como la posibilidad de reducir costes, provocaron el aumento de la preocupación con la sostenibilidad de la TI, siendo acuñado el término Green IT, o TI Verde, para referirse a los esfuerzos destinados a reducir su impacto ecológico durante la fabricación, uso y disposición final.

Además de los beneficios ya mencionados, la computación en nube se presenta como una alternativa para mejorar la eficiencia energética de los procesos de negocios en general y principalmente de los data centers, contribuyendo con los objetivos de la green IT.

Algunos autores propusieron modelos de gestión de los recursos de la nube alojados en los data centers poniendo el foco en la eficiencia energética, dando origen a un nuevo enfoque conocida como la nube verde o el green cloud computing.

Siendo los servicios de la nube suministrados en forma remota, el enfoque es altamente dependiente de las redes de ordenadores e incrementa el coste energético de las comunicaciones. Sin embargo, la mayor parte de los esfuerzos de investigación en green el cloud computing están centrados en el data center, desconsiderando el coste energético de las comunicaciones, hecho que llama la atención debido a la necesidad de observar el modelo de forma integral y de perfeccionarlo con las técnicas de otra incipiente área de investigación que es la green networking.

A continuación veremos los principios fundamentales y el estado del arte de las tecnologías que viabilizan el desarrollo de la green cloud computing, referenciando las recientes propuestas de varios autores, ofreciendo una visión general y sistémica y señalando los principales desafíos que deben ser resueltos con la finalidad de servir como estímulo y de referencia para la realización de futuras investigaciones.

CLOUD COMPUTING

Podemos definir el cloud computing como un sistema de computación distribuido orientado al consumidor, que consiste en una colección de ordenadores virtualizados e interconectados que son suministrados dinámicamente y presentados como uno o más recursos computacionales unificados, conforme acuerdo de nivel de servicio negociado entre el proveedor de servicios y el consumidor.

Las principales características del entorno de cloud computing son el reparto de los recursos que sirven a múltiples usuarios y que son suministrados dinámicamente, según la capacidad contratada por cada uno. La entrega de los servicios por la red se lleva a cabo en forma de web services implementados mediante la arquitectura orientada a servicios. Esto proporciona una flexibilidad caracterizada por la posibilidad de añadir o eliminar recursos de forma rápida y sin un gran esfuerzo administrativo por parte del proveedor.

En el caso de las nubes comerciales, el usuario suscribe los servicios que desea, especifica la calidad requerida mediante un acuerdo de nivel de servicio (SLA) negociado con el proveedor y paga conforme el consumo mediante un modelo pay-per-use .

Para hacer posibles estas características, el enfoque se sostiene en las tecnologías de cluster computacional, grid computing, virtualización, SOA, web services y computación autonómica.

SERVICIOS OFRECIDOS EN CLOUD COMPUTING

Los servicios ofrecidos mediante el enfoque de cloud computing pueden ser diferenciados en tres clases, conformando un modelo de tres capas, en el que cada una puede ser implementada utilizando los servicios de la capa inferior (VOORSLUYS; BROBERG; BUYYA, 2011). La clase de servicios más simples que puede ser ofrecida es la infraestructura como servicio. En un segundo nivel puede ser ofrecida la plataforma de desarrollo como servicio. Finalmente, en el tercer nivel, las aplicaciones pueden ser ofrecidas como servicio. Esta clasificación es explicada detalladamente por Woorsluys et al. (2011) y también por Garg y Buyya (2012) y a continuación es descrita brevemente:

- **Infraestructure As a Service (IaaS):** en este nivel son ofrecidos los recursos como servidores, almacenamiento y comunicación en forma de servicios. El usuario puede administrar estos recursos instalando software, añadiendo discos virtuales, configurando usuarios y permisos, etc. El EC2 de Amazon Web Services es un ejemplo de este tipo de servicio con recursos como el escalamiento automático e importación de máquinas virtuales del usuario (AMAZON, 2011).
- **Platform As a Service (PaaS):** en este nivel los proveedores de cloud computing ofrecen un entorno de desarrollo para que el usuario pueda crear y alojar sus propias aplicaciones y distribuirlas como servicio sin tener que preocuparse de la infraestructura que necesita. Este entorno incluye también componentes que pueden ser incluidos en las aplicaciones y servicios para monitorizarlos y gestionarlos. El Windows Azure de Microsoft es un ejemplo de este tipo de servicio (MICROSOFT, 2011).
- **Software As a Service (SaaS):** en este nivel las aplicaciones son distribuidas como servicios y accedidos

por demanda. En este modelo los usuarios no necesitan mantener infraestructura propia ni instalar software, ya que la aplicación y sus datos asociados son accedidos por medio de Internet, mediante un navegador que puede ejecutar en un cliente ligero. Este modelo, además de liberar al usuario de toda complejidad, permite disminuir considerablemente los precios, visto que el proveedor puede diluir los costes compartiendo la aplicación con un gran número de usuarios. Google Apps es un ejemplo de este tipo de servicio (GOOGLE, 2011).

MODELOS DE IMPLEMENTACIÓN DE CLOUD COMPUTING

El enfoque de cloud computing es un modelo comercial y público, pero sus ventajas lo hacen conveniente también para administrar la infraestructura interna de las organizaciones lo que dio origen a tres modelos de implementación como describen Voorsluys et al. (2011): public cloud, private cloud y hybrid cloud.

- **Public cloud**: es un modelo que corresponde al entorno descrito hasta ahora, en el cual los proveedores implementan los servicios en su infraestructura y los ponen a disposición públicamente en Internet, por firma. Debido al reparto de los recursos y a la delegación del control hacia el proveedor, los principales desafíos de este modelo están relacionados con la seguridad de la información y a la calidad del servicio (VOORSLUYS; BROBERG; BUYYA, 2011).
- **Private cloud**: es un modelo que consiste en implementar una nube sobre la propia infraestructura para suministrar los servicios de TI a los usuarios internos (GARG y BUYYA, 2012). Con esta configuración el data center se hace más ágil y flexible y se obtiene un manejo más eficiente de los recursos, sin embargo se pierde la característica de la elasticidad de la nube, porque la escalabilidad se ve

limitada por los recursos físicos disponibles (VOORSLUYS; BROBERG; BUYYA, 2011).

- **Hybrid Cloud**: es un modelo que consiste en complementar una nube privada con servicios de una nube pública, obteniendo las ventajas de los dos modelos. Este enfoque es posible porque la nube privada puede utilizar interfaces compatibles con las interfaces de las nubes públicas (VOORSLUYS; BROBERG; BUYYA, 2011).

En un próximo escalón de evolución, algunos autores como Rochwerger et al. (2011) han propuesto arquitecturas para la organización de nubes públicas en asociaciones, que permiten que un proveedor utilice, cuando sea necesario, la capacidad de otros proveedores para superar las limitaciones propias del entorno como la falta de escalabilidad de un proveedor aislado y la falta de interoperabilidad entre proveedores.

Desde el punto de vista del consumo de energía del sistema, es importante enfatizar que esta definición de nube privada está orientada al dominio administrativo y no a la localización física de los recursos, que pueden ser locales o remotos. También es importante considerar que una nube pública o privada puede ser implementada sobre una asociación de data centers del mismo dominio administrativo distribuidos geograficamente, lo que genera oportunidades de alocar la carga de trabajo, visando a una mayor eficiencia en el consumo de energía.

TECNOLOGÍAS
Como ya mencionado, cloud computing es el fruto de la evolución y uso combinado de diversas tecnologías que posibilitan a los

proveedores configurar una estructura flexible, crear sobre esta un entorno aislado para cada usuario y suministrar acceso por medio de una red de comunicación en forma de servicios contratados en la modalidad self service, y facturados conforme a su utilización.

Como ha sido descrito por Voorsluys et al. (2011), entre estas tecnologías se encuentran el cluster y el grid, que suministraron los fundamentos de cómo aprovechar el hardware distribuido, la virtualización del hardware, que posibilita la implementación de un entorno aislado en un cliente sobre recursos físicos compartidos, web services y SOA (Service Oriented Architecture), que suministraron los patrones de software adecuados para la entrega de los recursos como servicio, y finalmente la computación autónoma, que busca la mejoría de los sistemas por la disminución de la participación humana en sus operaciones y que confiere al entorno de cloud computing algunas de sus principales características. Los mencionados autores describen brevemente estas tecnologías y suministran referencias a diversos trabajos sobre ellas.

Aunque todas sean tecnologías maduras, la actualización de ellas depende de la evolución del cloud computing. Por eso, es importante la comprensión de sus características fundamentales y de cómo ellas se adecuan en la implementación del entorno, para sostener futuras búsquedas sobre la optimización del consumo de energía.

Implementación de una nube

La capa más baja de la arquitectura de cloud computing está formada por las máquinas físicas (PM – physical machine) compuestas por servidores y sistemas de almacenamiento interconectados por una red local (GARG y BUYYA, 2012). Estos equipamientos están normalmente alojados en un data center que concentra una gran cantidad de hardware y que cuenta con una infraestructura de suministro de energía eléctrica y otra de refrigeración que son de fundamental importancia para el correcto funcionamiento de los equipamientos y para la eficiencia energética del sistema (ELLISON, 2009).

Sobre esta infraestructura, que es "clusterizada" para hacerla más flexible y simple de gestionar, es instalado el software de virtualización (VMM – virtual machine monitor), que tiene como finalidad instanciar las máquinas virtuales (VM – virtual machine) que serán suministradas al cliente. Cada máquina virtual tiene su propio sistema operativo y debe ser configurado tanto su software como su entorno de red (URIARTE; WESTPHALL, 2011).

Finalmente es instalado el software para la computación en nube, también conocido como VIM (virtual infraestruture manager), que es el middleware que gestiona los recursos físicos y virtuales, y que suministra la interfaz a los usuarios. Entre las funcionalidades de este middleware, a veces también llamado cloud operating system, cuentan con el soporte de las máquinas virtuales y a múltiples VMM, la virtualización del almacenamiento y de los recursos de red, la gestión de clusters virtuales, alojamiento dinámico de recursos, la alta disponibilidad, la tolerancia a fallos y una interfaz para el suministro self service de los recursos bajo demanda de los usuarios.

Consumo Energético de las TI

Estudios recientes del Gartner Group demuestran que la emisión de gas carbónico provocada por la infraestructura de TI representa el 2% del total de las emisiones del planeta, teniendo un volumen equivalente al de las emisiones del transporte aéreo, sin embargo con una perspectiva de crecimiento mucho mayor. Otro estudio publicado por la misma consultora señala que del total del consumo de energía de la TI, el 23% sucede en los data centers y el 24% en las comunicaciones fijas y móviles.

Estos datos evidencian la necesidad de hacer a la TI más eficiente para disminuir su impacto ambiental, que es el foco de la green IT y, a la vez, marca una importante oportunidad de reducción de costes lo que hace a la green IT viable y atractiva, inclusive para organizaciones orientadas puramente a los beneficios.

Bianzino et al. (2010) afirma que, desde el punto de vista de la ingeniería, la green IT puede ser mejor interpretada como la reducción de la energía necesaria para realizar una determinada tarea, manteniendo el nivel de rendimiento. En general este es el foco que se observa en la mayoría de los trabajos. Pero, se puede afirmar que caminando en esta dirección se camina también en la dirección de los objetivos medioambientales.

El inicio de la green computing, y de la aplicación de este término, fue acuañado por el lanzamiento en 1992 del programa voluntario Energy Star de la Agencia de Protección Ambiental de los EUA, que buscaba identificar y promover productos eficientes desde el punto de vista energético para reducir la emisión de gases. Actualmente numerosas iniciativas de gobiernos y de la industria que impulsan la green IT. Bolla et al. (2011) enumera los principales proyectos de gobiernos, así como, las principales instituciones de estandarización relacionados con este tema.

Actualmente, algunos autores mencionan una segunda ola de la Green IT alrededor de la aplicación creativa de la TI para hacer más sostenible los procesos de todas las otras áreas de actividad, inclusive la producción y distribución de energía eléctrica.

Se debe observar que, aunque la mayoría de las estrategias propuestas por la Green IT contribuya tanto en el aspecto medioambiental como en el económico, algunas tienen un impacto económico, pero no representan una reducción en la emisión de gases, como alojar la carga de trabajo en un data center de un país donde la energía sea más barata.

Otras tienen impacto ecológico, pero no reducen costes, como alojar el data center en un local aprovisionado de fuentes de energía renovables, o próximo a la fuentes de energía.

A continuación se presentan los principios y las tecnologías básicas utilizadas en la green IT conforme a la clasificación de Beloglazov et al. (2010).

TECNOLOGÍAS Y HARDWARE

Las técnicas de gestión de energía aplicadas al hardware pueden ser clasificadas como SPM (static power management), que aplican mejorías permanentes basadas, principalmente, en el desarrollo y utilización de componentes más eficientes, y como DPM (dynamic power management), que aplican medidas temporales basadas en el conocimiento en tiempo real del uso de los recursos y de la carga de trabajo.

Las técnicas utilizadas en DPM son DCD (dynamic component deativation), que consiste en desconectar componentes en los periodos de inactividad, "sleep state", y DPS (dynamic performance scaling), que consiste en reducir gradualmente el rendimiento cuando la demanda disminuye. Estas tecnologías permiten crear dispositivos, "Energy Aware", que implementan la estrategia conocida como computación proporcional, o sea, dispositivos que presentan un consumo de energía proporcional a su nivel de utilización y se basan, principalmente, en la tecnología DVFS y en el estándar ACPI descritos a continuación:

- **DVFS (dynamic voltage and frequency scaling):** considerando que el consumo de un circuito en actividad es proporcional a la frecuencia de la operación y al cuadrado del voltaje, esta técnica consiste en disminuir intencionadamente el rendimiento del procesador cuando no está siendo totalmente utilizado, mediante la reducción de la frecuencia y de la tensión eléctrica. Esta técnica es soportada por la mayoría de los equipamientos modernos.
- **ACPI (advanced configuration and power interfaz):** es un estándar abierto propuesto en 1996 por Intel, Microsoft, Toshiba, HP y Phoenix para definir una interfaz unificada de configuración y gestión de energía centrada en el sistema operativo y que describe interfaces independientes de la plataforma para el descubrimiento de hardware, configuración, gestión y monitorización de energía. La mayor contribución de este modelo, además de la estandarización, es haber desplazado la implementación

de las técnicas de gestión dinámica del hardware hacia el software, trayendo flexibilidad para la configuración de políticas y su automación.

El estándar ACPI define diferentes estados de consumo de energía que pueden ser aplicados a los sistemas durante su funcionamiento, siendo los más relevantes los cstates y los pstates. Los cstates son los estados de energía de la CPU que pueden ser C0 estado de operación, C1 halt, C3 stop clock y C4 sleep mode. Los pstates describen el estado de rendimiento del procesador representando diferentes combinaciones de configuraciones de DVFS. La cantidad de pstates varía entre implementaciones, siendo siempre P0 el estado de mayor rendimiento.

Las estrategias de DPM serían simples de implementar si no fuera por el coste de pasar de un estado hacia el otro, que representa un overhead no solamente por el retraso que afecta al rendimiento del sistema, sino también por el consumo adicional de energía. Por lo tanto un cambio de estado solamente se justifica si el periodo de aprovechamiento es lo suficientemente largo para cubrir el coste de la transición, hecho que no es fácil de predecir. Existe una gran cantidad de trabajos destinados a proponer métodos eficientes para resolver este problema como los de Albers (2010) y Beloglazov et al. (2010) que identifican aquí la necesidad tanto de mejorar estáticamente el coste de transición como los algoritmos de predicción.

Las mayores fuentes de consumo de energía en ordenadores son la CPU, la memoria RAM y las pérdidas en la fuente de alimentación, indicando también que todos los componentes prestan una mayor eficiencia cuando operan en una alta tasa de utilización.

Las CPUs han recibido constantes mejoras, siendo los procesadores multicore estáticamente mucho más eficientes que los tradicionales y mediante la implementación de técnicas dinámicas pueden reducir su consumo en hasta un 70%, conservando su capacidad de ejecutar los programas, mientras otros componentes no soportan estados activos de baja energía y deben ser parcialmente o totalmente desconectados, lo que lleva la grandes pérdidas de rendimiento por el tiempo de activación.

Minas y Ellison (2009) indican que el intenso uso de la virtualización ha hecho que los servidores tengan una gran cantidad de memoria RAM y que el consumo de energía de la memoria sea mayor que el consumo de la CPU, enfatizando, por lo tanto, la necesidad de desarrollar nuevas técnicas enfocadas a la reducción del consumo de la memoria. Sugieren también mejoras en las fuentes de alimentación como área prioritaria de la investigación.

Finalmente, se observa que las técnicas de gestión estática son de gran importancia y deben ser tomadas en cuenta en el momento del proyecto de los sistemas y de la adquisición del hardware. Sin embargo, una vez adquiridos, sus beneficios están garantizados, diferentemente de las técnicas de gestión dinámica, que requieren configuración, políticas y gestión, que pueden maximizar su aprovechamiento o inclusive perjudicarlo. Este hecho señala la necesidad de suministrar recursos más eficaces para la medición y monitorización del consumo de energía de los equipamientos.

TECNOLOGÍAS Y DATA CENTERS

El consumo de energía eléctrica representa el principal coste operacional de los data centers. Esta energía es consumida, principalmente, por los equipamientos de TI (servidores, almacenamiento y LAN), por el sistema de refrigeración y por el propio sistema de distribución de energía, siendo en muchos casos el consumo de estos dos últimos elementos, considerados overhead, mayor que el de los equipamientos de TI propiamente dichos.

Para cuantificar el tamaño de este overhead existe un parámetro que está haciéndose estándar, el PUE (power usage effectiveness), que representa la relación entre la energía total consumida por el data center y la energía efectivamente utilizada en los equipamientos de TI. Los valores típicos del PUE de los data centers actuales varían entre 1,3 y 3,0, pero los grandes avances que están sucediendo en este campo mediante las mejorías en la infraestructura y en la localización de las instalaciones.

Recientemente Google anunció un data center con PUE de 1.14 (GOOGLE, 2011). Considerando sólo los equipamientos de TI, la principal causa de la ineficiencia en el data center es la baja tasa de utilización media de los recursos, generalmente inferior al 50%, causada fundamentalmente por la variabilidad de la carga de trabajo, que obliga a construir la infraestructura para lidiar con los picos de trabajo que raramente suceden, pero que degradarían la calidad de servicio si la aplicación se estuviera ejecutando en un servidor totalmente ocupado.

La estrategia utilizada para lidiar con esta situación es la consolidación de la carga de trabajo, que consiste en alojar toda la

25

carga de trabajo en la mínima cantidad posible de recursos físicos para mantenerlos con la mayor tasa de ocupación posible, y colocar los recursos físicos inutilizados en un estado de bajo consumo de energía. El desafío está en como lidiar con los picos de carga no previstos y el coste de la activación de los recursos inactivos. La virtualización y la posibilidad de migrar máquinas virtuales, junto con la concentración de los archivos en sistemas de almacenamiento centralizados, ha contribuido a implementar esta estrategia con mayor eficiencia.

EL SISTEMA OPERATIVO Y LA VIRTUALIACIÓN

Beloglazov et al. (2010) referencia, clasifica y comenta una serie de trabajos dedicados a la aplicación de estrategias de DPM en los sistemas operativos y en los sistemas de virtualización.

En el nivel del sistema operativo, los autores citan propuestas para servidores y para dispositivos móviles que tienen como objetivo minimizar el consumo de energía, evitar la pérdida de rendimiento y garantizar que sea respetado el presupuesto de energía, mencionando también que algunas de estas propuestas son implementadas como extensiones del kernel de Linux y otras proponen sistemas operativos específicos.

En el nivel de virtualización, como el software de virtualización se encuentra entre el hardware y el sistema operativo, este debe asumir la gestión de energía, monitorizando el rendimiento total del sistema y aplicando las técnicas DPS o DCD propiaas a los componentes de hardware o, preferentemente, atendiendo a las llamadas de los sistemas operativos de cada VM y mapeando los cambios en el hardware. Las principales soluciones de virtualización utilizadas actualmente no soportan este último modo, que es propuesto en investigaciones.

Nathuji et al. (2007) proponen una técnica llamada "soft resource scaling" para aplicar computación "proporcional" en máquinas virtuales. Esta técnica consiste en emular el DPS de hardware limitando el tiempo de uso de CPU de la máquina virtual y aplicando las capacidades de scheduling del VMM con base en las llamadas ACPI de los sistemas operativos de las máquinas virtuales. Los autores demuestran que la combinación de scaling de hardware y de software proporciona mayor ahorro energético.

GREEN NETWORKING

La infraestructura de red y de telecomunicaciones contribuye con un importante porcentaje del consumo de energía y de las emisiones de la TI y posee características diferenciadas, motivo por el cual los esfuerzos para hacerla más eficiente y ambientalmente correctan constituyen una área especial de estudio que ha sido identificada bajo el nombre de green networking. Como el entorno de cloud computing es fuertemente dependiente de las comunicaciones, los principios de green networking son fundamentales para avanzar para el concepto de green cloud computing.

Según Bianzino et al. (2010) tradicionalmente el proyecto de sistemas de red ha seguido dos principios totalmente opuestos a los objetivos de la green networking: el sobredimensionamiento para soportar los picos de demandas con margen para eventos imprevistos y la redundancia con el único objetivo de asumir la tarea cuando otro equipamiento falla. Este hecho hace de la green networking técnicamente un desafío, teniendo como principal objetivo introducir el concepto de energyaware en el proyecto de redes, sin comprometer su rendimiento ni su confiabilidad.

Las principales estrategias utilizadas en green networking son las ya presentadas para el hardware de equipamientos finales, sin embargo con particularidades en su implementación. La computación "proporcional" se aplica para adecuar, tanto la velocidad de procesamiento de los equipamientos como la velocidad de los links a la carga de trabajo en un determinado momento. La consolidación de la carga de trabajo es realizada considerando los patrones de tráfico diario y semanal y desconectando los componentes no necesarios. La virtualización es utilizada para consolidar recursos físicos, principalmente, enrutadores.

La implementación de la computación "proporcional" se realiza utilizando DFVS para regular la velocidad del procesamiento de paquetes, ALR (adaptative link rate) para regular la velocidad de los links conforme al tráfico del momento, y las técnicas DCD (sleep mode) para colocar a los equipamientos en modo de bajo consumo de energía, complementado con técnicas especiales de proxying para mantener la presencia en la red de los dispositivos inactivos.

La técnica ALR se fundamenta en la observación del consumo de energía de un link de red local o de red de acceso depende, principalmente, de su velocidad, siendo relativamente independiente de su tasa de utilización, y propone adaptar la capacidad del link, sea colocándolo en sleep state durante periodos de inactividad (que pueden ser largos o muy breves), y reduciendo su velocidad en periodos de baja utilización.

Según explica Bolla et al. (2011), en los equipamientos de red, el sleep mode, presenta el desafío especial de que un dispositivo inactivo pierde su presencia en la red que es mantenida mediante diferentes tipos de mensajes que generan tráfico permanente. Este tráfico constante entre equipamientos de red también afecta la eficacia de las técnicas de DPM en los equipamientos finales, donde la CPU debe ser "despertada" por la tarjeta de red para responder mensajes de ciertos modos triviales. De acuerdo a Bianzino et al. (2010), para resolver esos problemas, la estrategia propuesta es usar la interfaz proxying, que consiste en delegar el tratamiento de este tráfico que mucha veces puede ser descartado o de requerir respuestas simples para otra entidad más económica que la CPU, y que la implementación de esta entidad pueda ser realizada como una funcionalidad más de la tarjeta de red, o como una unidad externa que puede atender a varios clientes, ya sea en forma de servidor dedicado, o como una función de los switches. Bianzino et al. (2010) y Bolla et al. (2011) explican con detalle diversas propuestas de implementación de estas funcionalidades.

La técnica de ALR es la base del estándar de la IEEE 802.3az (energy efficient ethernet) ratificado en septiembre de 2010 (IEEE, 2010), que ya se encuentran en el mercado equipamientos que atienden a este estándar, inclusive con funcionalidades extras conocidas en el mercado como Green Ethernet, como los switches de la DLink que reducen el uso de energía en puertos en que el equipamiento final está sin uso y que reducen la potencia de transmisión con base en el cumplimiento del link (DLINK, 2011).

En el nivel de la capa física, las principales propuestas son referentes al cambio de las redes metálicas por redes ópticas porque estas son más eficientes, porque suministran un mayor ancho de banda, sin embargo aún no presentan la flexibilidad de las redes metálicas y del dominio electrónico, ya que en el dominio óptico no es posible la "bufferización".

Según Bianzino et al. (2010), en el nivel de la capa de red, fueron propuestas varias técnicas para implementar la estrategia energyaware routing con la finalidad de consolidar el tráfico y de privilegiar las rutas con dispositivos energyaware y apuntan también a que en esta capa son necesarias adaptaciones en los protocolos de enrutamiento para evitar la inestabilidad de las tablas de enrutamiento provocadas por los cambios instantáneos introducidos por las técnicas de DPM.

Los mismos autores citan que en la capa de transporte existen propuestas para hacer energyaware el protocolo TCP (Transport Control Protocol), con modificaciones como añadir una opción tcp_sleep al encabezado para informar que el transmisor entrará en estado de sleep, haciendo que la otra parte atrase el envío de los datos recibidos de la aplicación, colocándolos en un buffer. También explican que existen propuestas para modificar algunos protocolos de capa de aplicación para incluir esta señalización, aunque algunos autores consideren más adecuado implantarlas en la capa de transporte disponibilizando green sockets para los desarrolladores.

Bianzino et al. (2010) sugieren que, aunque conceptualmente se deba respetar el principio de independencia de las capas, es importante considerar la necesidad de cambio de informaciones entre capas para llegar a soluciones prácticas que permitan la coordinación de todas las medidas para optimizar los resultados.

Energy aware TCP, por ejemplo, podría enviar sleep requests más frecuentemente se estuviera siendo utilizado un link wireless.

Blanquicet y Christensen (2008) proponen extensiones al protocolo SNMP (simple network management protocol), para que los agentes expongan el estado de energía de los dispositivos para la red, incluyendo sus capacidades de gestión de energía, las configuraciones actuales y estadísticas, y afirman que, con estas informaciones disponibles, el administrador de la red puede monitorizar remotamente el consumo de energía de los equipamientos de TI y hacer cambios en las configuraciones.

Finalmente, Bianzino et al. (2010) y Bolla et al. (2011) enfatizan la necesidad urgente de estandarizar métricas (green metrics) para dimensionar la eficiencia de los equipamientos y conjuntos de benchmark que permitan evaluar y comparar con eficacia las diferentes soluciones.

Green Cloud Computing

Como ya hemos visto, el enfoque de cloud computing representa una interesante alternativa para la utilización eficiente de los recursos computacionales, una vez que permite consolidar la carga de trabajo de una gran cantidad de usuarios, y también porque sus recursos favorecen a la consolidación de la carga de trabajo dentro del data center.

Según Werner et al. (2011), el modelo de green cloud computing supera el enfoque de nube convencional, colocando el foco de la gestión de los recursos del data center en la ahorro de la energía, manteniendo el rendimiento comprometido en el acuerdo de nivel de servicio. Ese modelo se basa fundamentalmente en la aplicación de criterios de aprovisionamiento, alojamiento, redimensionamiento y migración de máquinas virtuales para obtener una eficiente consolidación de carga en los servidores físicos. Estos autores propusieron una solución para el control integrado de los servidores y de los sistemas de soporte del data center basada en el modelo de Teoría de la Organización que, validado mediante simulaciones, demostró obtener hasta 40% de ahorro energético, comparado al modelo de nube tradicional.

Srikantaiah et al. (2009) propone una estrategia de energy aware consolidation para el entorno de cloud computing, determinando que el consumo de energía por transacción responde a una curva en forma de "u". Existe ineficiencia cuando la tasa de utilización es baja, pero también cuando es alta demás, debido a la degradación del rendimiento. De acuerdo con estos resultados, define que el objetivo de la consolidación debe ser mantener los servidores bien utilizados, lo que significa a 70% de carga para la CPU y 50% para los HDs.

Sin embargo, algunos autores llaman la atención al hecho de que, considerando el consumo de todos los componentes envueltos en la ejecución de una tarea en la nube, y no sólo en el data center, para cierto tipo de aplicaciones y determinados tipos de servicios, este entorno no es el más eficiente. Baliga et al. (2011) y FengSen et al. (2011) demuestran esta afirmación mediante modelos analíticos comentados a continuación.

Baliga et al. (2011) se propone a analizar el consumo total de energía en el entorno de cloud computing, comparando la energía necesaria para realizar determinadas tareas en este entorno y en entorno tradicional. Utilizan para esto, el modelo de cadena de suministros de logística y consideran el coste de procesar, guardar y transportar bits de datos en vez de elementos físicos. El modelo contempla tres tipos de servicios (almacenamiento, software y procesamiento como servicio) y dos entornos (nube privada o virtual), considerando la nube privada siempre local y partiendo de la premisa de que el usuario de nube público es siempre doméstico y el de la nube privada siempre empresarial. Los autores llegan la conclusiones como: a pesar de que el almacenamiento en la nube es más eficiente, el almacenamiento en nube la pública puede ser 3 o 4 veces más costoso energéticamente debido al incremento del consumo en la red cuando los archivos son grandes y son accedidos frecuentemente. El software como servicio en nube la pública puede ser ineficiente cuando requiere una tasa de refresh de pantalla alta.

FengSen et al. (2011) también se propone a determinar en que condiciones el consumo de energía es reducido por el uso del entorno de cloud computing, proponiendo un modelo matemático que considera separadamente el consumo en terminales de usuario, red y servidores, y tres tipos de aplicaciones comparando su consumo en entorno convencional y en entorno de nube. El modelo demuestra que ni siempre la eficiencia de la nube en el data center compensa el coste de la comunicación, inclusive considerando el ahorro que existe también en los terminales. También advierten que, debido a la gran proliferación de equipamientos móviles, green mobile comunications, debe ser uno de los pilares de la green cloud computing.

Según Garg y Buyya (2012), el entorno de cloud computing también presenta ineficiencia por el overhead de la virtualización, de la gestión y de la administración. La necesidad de mantener réplicas para atender especificaciones de seguridad, rendimiento y disponibilidad, también es considerada una fuente de ineficiencia por estos autores, porque las réplicas ocupan recursos de servidores y almacenamiento y generan tráfico de red adicional.

Beloglazov et al. (2010) considera que los conceptos de intercloud y data centers geográficamente distribuidos deben ser desarrollados, no sólo para mejorar la escalabilidad de los proveedores sin sobredimensionar la infraestructura, sino también para permitir el realojamiento de la carga de trabajo para que sea ejecutada en data centers donde en ese momento la energía sea menos costosa, como por ejemplo por el uso de energía solar durante el día en diferentes husos horarios y mayor eficiencia en la refrigeración por las condiciones climáticas externas.

Estas constataciones evidencian la necesidad de mayores esfuerzos para aplicar los conceptos de green IT al entorno de cloud computing, considerando la participación e interacción de todos los elementos del sistema, para minimizar el uso de recursos, manteniendo la calidad del servicio requerida, que es el objetivo de la green cloud computing.

Presente y Futuro

Hemos visto los conceptos básicos sobre el enfoque de cloud computing, mostrando que, desde el punto de vista de las organizaciones usuarias, el modelo de nube pública trae ventajas por su simplicidad, flexibilidad y ahorro para implementar sus sistemas de información, y que el modelo de nube privada se presenta como una alternativa válida para gestionar eficientemente los recursos del data center corporativo.

Desde el punto de vista de los proveedores, se constató que el enfoque suministra recursos para la aplicación de estrategias de green IT en el data center posibilitando una flexible y eficiente consolidación de la carga en los servidores por la migración de las máquinas virtuales, mediante las cuales se entregan los servicios a los clientes. Esta capacidad es maximizada cuando aplicados los principios de green cloud computing que proponen algoritmos de consolidación con foco en el ahorro de energía manteniendo el rendimiento despertado.

También fue verificado que la mayor parte de las propuestas de green cloud computing están orientadas al data center, pero las investigaciones basadas en modelos analíticos demuestran que, para cierto tipo de aplicaciones, el ahorro en el data center no compensa el consumo generado por el incremento de la comunicación, haciendo la nube menos eficiente que el entorno tradicional. Este hecho no ha recibido tanta atención como la consolidación de carga en los servidores, y no fueron identificadas las investigaciones que propongan formas de medir y monitorizar el consumo total de las aplicaciones ejecutadas en el entorno de nube y las soluciones para hacerlas más eficientes.

Fueron presentados también los conceptos básicos sobre green IT y las principales tecnologías y estrategias utilizadas para aumentar la eficiencia energética de los sistemas en el nivel del hardware de dispositivos de usuario y servidores, de los equipamientos de red, del software de red, del sistema operativo, del software de virtualización y de las aplicaciones. Visto que todas ellas conviven en el entorno de cloud computing y que las técnicas de mayor impacto dependen de configuración para funcionar adecuadamente, se verifica que el mayor desafío es hacerlas funcionar coordinadamente de manera que maximicen su impacto. Para que esto sea posible, se hace prioritario establecer métricas y conjuntos de benchmark que permitan relacionar la tarea realizada con el consumo eléctrico, y que todos los dispositivos incorporen funcionalidades para poder informar cuanta energía es consumida al realizar una tarea.

Debido a la naturaleza intrínsecamente distribuida del entorno de cloud computing, se cree que las soluciones que contemplen el rendimiento global del sistema deberán ser oriundas de las contribuciones del green networking. Por lo tanto, se propone que los trabajos futuros busquen identificar métricas actualmente en uso y las principales propuestas en esta área, con la finalidad de establecer un marco de referencia para la implementación de soluciones que permitan medir y gestionar el consumo de energía por tarea en el entorno de cloud computing.

Se propone también investigar que exploren las extensiones en el SNMP como medio para suministrar la información necesaria para medir el consumo energético generado por la ejecución de una tarea y para suministrar al administrador de la red herramientas adecuadas para comparar diferentes configuraciones, como un "green ping", que informe no sólo la posibilidad de alcanzar un punto de la red y el tiempo de respuesta, sino también de la energía consumida.

Para resolver el problema de las aplicaciones ineficientes en el entorno de nube, se sugiere evaluar el efecto del uso de las extensiones del modelo cliente servidor propuestas para superar los desafíos de los sistemas distribuidos como la replicación, proxy, cache, código móvil y agentes móviles, ya que contribuyen a la disminución del tráfico de red.

Se observa también la necesidad de realizar un levantamiento de la localización de los data centers y su relación con una matriz energética de cada región, promoviendo una reflexión sobre las ventajas de alojar los servicios en países con fuentes de energía limpia y las oportunidades que esto puede generar para países como España, con fuertes inversiones en energías renovables.

Finalmente, aunque el objetivo manifiesto de la green IT y de todas sus especializaciones sea disminuir las emisiones de gas carbónico y el impacto ambiental, se verifica que la gran mayoría de los trabajos se concentran sólo en los aspectos referentes a la eficiencia energética y a la reducción de los costes operacionales. De esta forma, será necesario estimular también las estrategias puramente ecológicas, sin el impacto económico inmediato, responsabilidad que generalmente se le atribuye a las instituciones gubernamentales y a la instituciones sin fines lucrativos.

CARACTERÍSTICAS PRINCIPALES DEL CLOUD COMPUTING

INTRODUCCIÓN

Durante los últimos años, la presión de los clientes en relación a las exigencias técnicas, de negocio y de la disponibilidad de nuevas capacidades técnicas fija un escenario para la próxima generación de las TI en las empresas, que estará ampliamente caracterizada como una era donde los recursos se hacen más automatizados, ágiles y sincronizados con los procesos de negocios. Delante de ese escenario surge un importante facilitador, la Cloud Computing (Computación en La nube), que proporciona una TI más dinámica, flexible y híbrida, con coste de operación dinámico, pagado por demanda, por el volumen de uso. Ese facilitador promete ser el gran conductor de la innovación empresarial y abrir la posibilidad para nuevos modelos de negocios y servicios en casi todas las industrias.

POSIBILIDADES Y BENEFICIOS

Actualmente la Cloud Computing es vista como un modelo muy prometedor en la computación, siendo capaz de resolver cuestiones serias dentro de la TI y con amplio acceso a la red donde los recursos están disponibles, pudiendo ser accedidos a través de mecanismos patrón que promueven el uso de plataformas heterogéneas (por ejemplo, desktops, laptops, smartphones y tablets).

ESCALABILIDAD

La escalabilidad o flexibilidad, suministrada por este modelo, permite que las aplicaciones adquieran más recursos dinámicamente para alojar sus servicios, a fin de lidiar con los picos de trabajo y, de la misma forma, liberarlos cuando la carga disminuye (ZISSIS; LEKKAS, 2012).

La modificación de los recursos puede ser realizada de forma manual (por una interfaz web o a través de la línea de comandos) y vía programación (a través de un software que ajusta automáticamente la capacidad de atender la demanda real), lo que representa una gran ventaja sobre el modelo tradicional de computación. Pero el punto más fuerte se encuentra en el dimensionamiento dinámico que puede ocurrir de dos formas: (I) Pro-activo, en el que, con base en la demanda proyectada, los cambios en la infraestructura se realiza en una(s) concreta(s); y (II) Reactivo, en que la propia infraestructura reacciona añadiendo y eliminando capacidad de acuerdo a los cambios en la demanda.

Pensando en el tráfico de una web de comercio electrónico (e-Commerce) a lo largo de un día típico, con calma en las primeras horas del día y con picos durante la mañana, en el horario de almuerzo y, al inicio de la noche, en este caso el servicio Cloud Computing puede ser configurado para funcionar con el mínimo de infraestructura que soporte la disponibilidad necesaria durante la madrugada, cuando hay mucha calma y se añade la capacidad en hora punta de tráfico como a finales de la mañana, en el horario de almuerzo y al inicio de la noche (ELSENPETER; VELTE; VELTE, 2010; REESE, 2009).

AGILIDAD

La Cloud Computing suministra una amplia infraestructura permitiendo a los usuarios de esos servicios realizar cambios, experimentar más e interactuar con agilidad, sin tener la preocupación de la adquisición o la mejoría de la infraestructura, eliminando la pérdida de tiempo con cuestiones relacionadas a la misma y dando la posibilidad a los consumidores de lanzar productos en semanas y no en meses, por ejemplo.

Un ejemplo que demuestra el potencial de la agilidad proporcionada por ese estilo computacional es un proyecto de New York Times, que utilizó mil estancias del servicio Amazon EC2 (Elastic Compute Cloud) para generar en formato digital 11 millones de artículos archivados del periódico en menos de 24 horas, tiempo inviable para adquirir hardware, establecer la infraestructura y realizar la misma tarea en una infraestructura interna TI (AMAZON, 2012; ELSENPETER; VELTE; VELTE, 2010; REESE, 2009).

ELIMINA LA NECESIDAD DE INVERSIONES ANTICIPADAS

La creación de un nuevo negocio se hace mucho más simple con el uso de entornos de Cloud Computing. El modelo elimina los costes de hardware, permitiendo que las pequeñas y las grandes empresas ganen agilidad para ejecutar sus aplicaciones, pagando un valor de acuerdo con la cantidad de recursos utilizados.

Gracias al modelo de Cloud Computing, ideas innovadoras cómo, por ejemplo, Foursquare, Linkedin, Pez Urbano, Zynga y Netflix, pudieron ser llevadas a la práctica, sin la barrera creada por las altas inversiones en la creación de infraestructura de TI propia (TAURION, 2012; VECCHIOLA; CHU; BUYYA, 2009).

BAJO COSTE

Los servicios de Cloud Computing tienen un coste más bajo debido a las implementaciones de Data centers de la nube que, muchas veces, están localizados cerca de estaciones de energía barata y de bajo coste inmobiliario, justamente para poseer costes asociados más pequeños.

Los costes de TCO (Total Cost of Ownership) de una aplicación de planificación en la nube: llega a ser 77% menor que las soluciones de CPM (Corporate Performance Management), que utilizan la infraestructura de TI del propio cliente para la instalación y procesamiento de la aplicación (BELLO, 2012).

Los costes en servicios de La nube están conectados solamente a los recursos que están siendo utilizados o al número de usuarios que acceden al servicio, eliminando gran parte de la inversión y de otros gastos iniciales de un nuevo proyecto, lo que hace estos servicios sean muy atractivos para las empresas (GOELEVEN et al., 2011; VARÍA, 2012; ZISSIS; LEKKAS, 2012).

INFRAESTRUCTURA SELF-SERVICE

En Cloud Computing, con el uso de un portal de Self-Service (Auto-Servicio), los usuarios pueden añadir o eliminar mil servidores o montar un nuevo entorno de desarrollo o de homologación de forma mucho más ágil que en el contexto tradicional y sus muchas etapas que tiene que ser llevada a cabo para la obtención de un nuevo Data Center.

Un control fino sobre los recursos y los servicios que son puesto a disposición en tiempo de ejecución para aplicaciones de los consumidores, posibilitado por el uso de la virtualización, abrió la posibilidad a los proveedores de servicios Cloud Computing para ofrezcer al consumidor un portal Self-Service para adquirir y disponibilizar recursos, de forma manual o programada, para que esos sean suministrados y liberados rápidamente y con interacción mínima del proveedor (AMAZON, 2012; VECCHIOLA; CHU; BUYYA, 2009).

ALTA DISPONIBILIDAD

Las aplicaciones con demanda inesperada o por encima de lo previsto inicialmente son escenarios en los que la utilización de servicios de Cloud Computing puede ser interesantes. El consumidor puede aumentar el número de estancias para suplir altas demandas evitando que el sistema no concluya procesos, baje el rendimiento o quede no disponible. Eso ocurre cuando existen un número de accesos mayor que el proyectado para soportar. Posteriormente, pasado el periodo de alta demanda, basta disminuir el número de instancias, reduciéndose, así, el coste.

Como ejemplo, un sistema de venta de entradas online para un gran evento, a la hora marcada para iniciar las ventas el sistema queda no disponible. La startup brasileña Zetks utilizó el servicio de Cloud Computing de Microsoft, el Windows Azure, para realizar la preventa de entradas del Rock In Río. En la apertura de la venta de entradas bastó pasar de cinco servidores a 25 durante un periodo de cinco horas, gastando sólo entre 700 a 1000 dólares (MIRE DIGITAL, 2012; ZISSIS; LEKKAS, 2012).

Orientado al Negocio

Con la utilización de Cloud Computing externalizar la infraestructura con toda su complejidad y hacer posible que las empresas liberen el equipo de TI para enfocar los proyectos que desarrollen el negocio de la empresa, en vez de lidiar con un proveedor de servicios de Cloud Computing. Con su utilización, no es necesario preocuparse de la mejoría de su infraestructura. Utilizar las nubes significa estar siempre bajo arquitectura de última generación y que las empresas se pueden dedicar a enfocar sus esfuerzos en el negocio y en sus aplicaciones (ELSENPETER; VELTE; VELTE, 2010; LOPES, 2011; ORLOFF, 2012; REESE, 2009).

Desafíos

Así como en la implantación de cualquier nueva tecnología, la Cloud Computing tiene nuevos desafíos, siendo de extrema importancia en la migración la comprensión de los mismos por parte del usuario, para que los beneficios proporcionados por ese modelo puedan ser plenamente alcanzados. Varios desafíos emergen: sin embargo, la interoperabilidad, conjuntamente a la cuestión de seguridad son de fundamental importancia y constituyen factores claves que determinarán la medida y velocidad con que la Cloud Computing será adoptada (IBM, 2013; CLOUDTWEAKS, 2012; GOELEVEN et al., 2011).

Interoperabilidad

Los problemas de interoperabilidad están relacionados a la inexistencia de patrones unificados entre los diferentes proveedores, dificultando la utilización de múltiples servicios de

Cloud Computing de forma unificada, la utilización de nubes híbridas y la portabilidad de aplicaciones y datos de un proveedor de servicios de Cloud Computing para otro (el llamado Cloud lock-in).

Un ejemplo de ese escenario sería una aplicación empaquetada utilizando el mecanismo de Amazon, el AMI (Amazon Machine Image), que haría muy difícil migrar los componentes de esa aplicación, como ejemplo, a la base de datos y servidores de aplicaciones para otro proveedor (BATISTA et al., 2011; CLOUDTWEAKS, 2012; GOELEVEN et al., 2011).

ORGANIZACIONES

Varias organizaciones trabajan en la definición y utilización de patrones abiertos para lidiar con los problemas de interoperabilidad en entornos de Cloud Computing. A continuación, destacaremos algunas.

El Open Cloud Manifiest tiene por objetivo juntar a empresas que ofrecen servicios y tecnologías de Cloud Computing en torno a la especificación de un patrón abierto. La iniciativa cuenta con el apoyo de más de 250 organizaciones en la formación de una declaración de principios para el mantenimiento de la Cloud Computing como un sistema abierto (IBM, 2013; OPEN CLOUD MANIFIESTO, 2009).

El CCIF (Cloud Computing Interoperability Forum) es otra entre varias organizaciones que está intentando crear patrones para acelerar la adopción de servicios de Cloud Computing. Es responsable de la discusión de los mecanismos para monitorizar la nube y los niveles de control y de permisos de los usuarios, necesarios para garantizar la interoperabilidad, así como el desarrollo de una estructura que permita dos o más la nubes, para un intercambio de informaciones (GOELEVEN et al., 2011; HOEFER; KARAGIANNIS, 2010).

En la misma línea, el DMTF (Distributed Management Task Fuerce) trabaja en iniciativas orientadas a alcanzar la gestión de infraestructuras interoperables de Cloud Computing, teniendo tres importantes iniciativas (CLOUD-STANDARDS, 2011; DMTF, 2013; HARSH et al., 2012; HOEFER; KARAGIANNIS, 2010; SAMPAIO et al., 2010): (I) la CIMI (Cloud Infrastructure Management Interfaz), que es una interfaz de gestión RESTful4 para los componentes comunes en el modelo de entrega IaaS, capaz de abstraer buena parte de la complejidad de gestión de sistemas, proporcionando una interfaz de autoservicois en los cuales los usuarios pueden administrar y configurar su servicio de Cloud Computing dinámicamente; (II) el OVF (Open Virtualization Format), que describe un patrón abierto para la creación de máquinas virtuales portátiles, siendo una plataforma neutra y extensible por los usuarios cuando es necesario; (III) la Cloud Standards Wiki, que reúne en un único lugar informaciones recientes sobre las actividades de las organizaciones que trabajan en la definición de patrones para Cloud Computing; y (IV) RESTful son aplicaciones que siguen los principios arquitectónicos establecidos por el REST (Representational State Transfer) mediane el cual usted puede crear servicios Web.

El OGF (Open Grid Forum) trabaja en el desarrollo de patrones en las áreas de redes, Cloud Computing y otras formas avanzadas de computación distribuidas para negocios e investigaciones en todo el mundo. Liderado y entregado por el OGF, el OCCI (Open Cloud Computing Interfaz) fue lanzado en la tentativa de patronizar el protocolo API (Application Programming Interfaz) para RESTful para las tareas de gestión. Este está orientado a las tareas de gestión de servicios Cloud Computing en el modelo de entrega IaaS. Sin embargo, el patrón se mostró bastante extensible dando la posibilidad de utilizarlo en los otros modelos de entrega, como PaaS y SaaS (CLOUD-STANDARDS.ORG, 2011; HARSH et al., 2012).

OPEN APIS

Otras iniciativas para la resolución de las cuestiones relacionadas a la interoperabilidad son las llamadas Open APIs, que crean una capa de abstracción permitiendo que los usuarios no tengan que preocuparse con las APIs específicas de cada proveedor de servicios de Cloud Computing.

La Simple Cloud API suministra una API simplificada, que busca la interoperabilidad entre plataformas Cloud Computing para el desarrollo de aplicaciones de forma transparente utilizando el lenguaje PHP, en el que la interacción con cada uno de esos servicios se da por mediación de adaptadores (o drives). Es una iniciativa conjunta de las empresas: Zend, Microsoft, IBM, Rackspace, Nirvanix y GoGrid. Utilizado la Simple Cloud API, el usuario puede desarrollar aplicaciones para interactuar con servicios de Cloud Computing para el almacenamiento de archivos, bases de datos de documentos, infraestructura, red y fila5 (SIMPLE CLOUD, 2011).

Creada por la Red Hat y ASF (Apache Software Foundation), Deltacloud es una API basada en REST que abstrae las diferencias entre las APIs específicas para cada uno de los servicios de Cloud

Computing soportados como, por ejemplo, Amazon EC2 y S3, Rackspace Cloud Servers y Cloud Files, Google Cloud Storage y Microsoft Azure (Storage), que son algunos de los adaptadores que el proyecto permite (APACHE, 2012).

Una fila es simplemente una lista de mensajes, donde el flujo de mensajes se da en el orden en que fueron almacenados. Iniciado por Cloudkick y actualmente otro proyecto de la ASF, la Libcloud es una biblioteca patrón para Python creada para facilitar que el usuario pueda crear aplicaciones que funcionan en servicios de Cloud Computing soportados por este, como por ejemplo, Amazon EC2 y S3, Rackspace Cloud Servers y Cloud Files, Google Cloud Storage y Windows Azure Blog Storage (APACHE, 2013).

Servicios de Adaptación

La creación de servicios de adaptación es otro enfoque posible en la resolución de problemas relacionados con la interoperabilidad. Esos servicios son herramientas y componentes de software que facilitan la implantación de aplicaciones en diferentes servicios de Cloud Computing, basándose y complementando el desarrollo de patrones.

Los servicios de adaptación tienen la desventaja de ser modificados cada vez que se realizan modificaciones en las APIs o surjan nuevos proveedores de Cloud Computing utilizando interfaces diferentes a las ya mapeadas. El Uní4Cloud es un ejemplo de servicio de ese tipo que funciona como una especie de adaptador para trabajar con las diferentes APIs propietarias soportadas (BATISTA et al., 2011; SAMPAIO et al., 2010).

Seguridad

Los consumidores de servicios de Cloud Computing pueden realizar tareas como el procesamiento, transferencia y almacenamiento de informaciones. Para la transferencia y almacenamiento, la forma de obtener la seguridad de la información, sería encriptar los datos confidenciales de su base de datos y en la memoria con la clave pública del destinatario pretendido, y desencriptarlos usando su clave privada encriptada en memoria, solamente durante el tiempo necesario para el procesamiento de los mismos. Las búsquedas realizadas en las bases de datos encriptadas pueden ser realizadas sin la necesidad de bajar la seguridad por completo y desencriptar la información (PIETERS, 2011; REESE, 2009).

La gran cuestión dentro de la seguridad es la confianza que tiene que haber del consumidor en el prestador del servicio de Cloud Computing que, para realizar y procesar los datos, tiene la necesidad de descriptarlos, exponiéndolos al prestador de servicios.

Confiabilidad

Los usuarios corporativos que desean adoptar servicios de Cloud Computing deben tener en mente que el proveedor muy probablemente tiene protocolos rígidos de acceso físico, políticas de seguridad, software básicos y personal especializado dedicado a evitar ataques. Finalmente, el conocimiento y la capacidad para lidiar con las cuestiones de seguridad de manera es mucho para una empresa que comienza su actividad.

Cuando se pretende utilizar servicios en ese modelo se debe verificar cuáles son las políticas de seguridad del proveedor de servicios de Cloud Computing, quienes podrán visualizar tales datos y, si los datos están expuestos al concurrente, por ejemplo, cuáles son las políticas del proveedor (IBM, 2013; LOPES, 2011).

Los especialistas tienen que encontrar soluciones definitivas de seguridad para la realización de procesos en entornos no confiables. La idea es la construcción de programas que operen con datos encriptados y que gestionen salidas correctas y también encriptadas, pudiendo los proveedores de servicios de Cloud Computing realizar el procesamiento sin la necesidad de desencriptar y exponer los datos.

La idea de la encriptación homomórfica fue propuesta en 1978 como un mecanismo de seguridad para procesamiento de datos sigilosos. Antes de 2009, los sistemas capaces de realizar operaciones de adición y multiplicación con números encriptados y de producir resultados sin la necesidad de desencriptar fueron puestos en práctica. Sin embargo, no se consiguió realizar las dos operaciones en el mismo sistema, posibilitando un sistema totalmente homomórfico. En 2009, tal sistema fue propuesto por Craig Gentry, de la IBM, pero infelizmente la eficiencia alcanzada fue tan baja que el mismo no puede ser utilizado para casi ningún fin (PIETERS, 2011).

Otro importante descubrimiento fue el realizado por la Universidad de Viena, la llamada "computación quántica invidente", en la que los investigadores consiguieron organizar los datos y programas de forma codificada en numerosos datos superpuestos de modo que el procesamiento puede ser realizado en un ordenador quántico remoto responsable de realizar los cálculos sin desencriptar los datos y envíarlos de vuelta al usuario, que es el único que tiene la posibilidad de ver los resultados.

Un sistema de Cloud Computing basado en ese principio sería totalmente confiable, ni el mismo proveedor de servicio y ni ningún supuesto espía en medio del camino sería capaz de entender los bits sin el conocimiento del estado inicial de los mismos (INNOVACIÓN TECNOLÓGICA, 2012).

Las dos iniciativas de procesamiento de datos en entornos no confiables representan un marco en la ciencia. Sin embargo, la encriptación homomórfica no obtuvo resultados suficientemente satisfactorios y la computación quántica invidente sólo puede ser usada en la práctica en laboratorios altamente controlados, estando las dos a años de ser llevadas para el mercado.

Ejemplos sencillos de Implementación

Configurar un Servidor Cloud Computing de Zero

Ahora que ya ha contratado un Servidor GNU/Linux en la nube ¿Qué hacemos?

Bueno, ahora que ya hemos conseguido superar el trauma inicial y el servidor ya esta configurado, vamos a partir del punto en que usted recibe el email de bienvenida del servidor contratado, con la IP, y contraseña, si no le mandan ningún usuario, usaremos el usuario "root".

Para conectarse al servidor necesitará tener un cliente SSH, como Putty o Terminal Linux, y escribir la siguiente línea de código:

$ ssh root@IP_DEEl_SERVIDOR

Una vez conectado al servidor, ya puede comenzar a instalar los paquetes necesarios para transformar esa máquina en un servidor para sus webs, para eso necesitará configurar un ambiente LAMP (Linux + Apache + MySQL + PHP).

Una vez tengamos instalado y configurado el LAMP usted ya puede acceder a la IP_DE El_SERVIDOR desde su navegador y deberá aparecerle el mensaje por defecto del Apache: "It Works!".

Para poder acceder a la web a partir de un dominio registro, como por ejemplo, http://www.mipaginaweb.com necesitará tener un servidor DNS, pero tranquilo, no necesitará crear eso, ya que los data centers que suministran el cloud hacen ese trabajo por usted, por lo menos es así en la gran mayoría de los Cloud Computing que hemos investigado para realizar este libro. Esos servidores forman parte de la estructura del data center que le pone a su disposición una interfaz web atractiva para crear las entradas del registro DNS.

Para ello, añada la la Zona DNS para su dominio, e incluya el registro como en el ejemplo de a continuación:

- Tipo de registro: IP Address (A)

- Nombre del Registro: www

- IP Address: IP_DEl_SERVIDOR

Si quiere que los usuarios accedan a su web sin tener que teclear lo "www" necesitará crear otra entrada DNS con los siguientes datos:

- Tipo de registro: IP Address (A)

- Nombre del Registro: VACÍO

- IP Address: IP_DEl_SERVIDOR

El próximo paso es configurar su web en el Apache, para eso añada los siguientes directorios, como podemos ver a continuación:

 # mkdir /var/www/www.mipaginaweb.com

 # mkdir /var/www/www.mipaginaweb.com/htdocs

 # mkdir /var/www/www.mipaginaweb.com/logs

Una vez que ya hemos hecho esto, podemos crear los archivos de configuración individuales para los Virtual Hosts, esos archivos permanecerán en el directorio **"/etc/apache2/webs-available"**, este contiene los archivos de configuración para las webs que están disponibles, pero no están necesariamente habilitados.

A continuación creamos su web en el Apache, para ello, acceda al directorio de las páginas web del Apache:

$ cd /etc/apache2/webs-available/

Después creamos el archivo con el nombre de su web:

 # touch www.mipaginaweb.com

Edite el contenido:

vim www.mipaginaweb.com

A continuación escriba las configuraciones de su web:

*:80>

ServerAdmin suemail@gmail.com

ServerName www.mipaginaweb.com

ServerAlias paginaweb.com

DocumentRoot /var/www/www.mipaginaweb.com/htdocs/

```
Options Indexes FollowSymLinks MultiViews

AllowOverride All

Order allow,deny

allow from all

# Logfiles

ErrorLog /var/www/www.mipaginaweb.com/logs/error.log

CustomLog
/var/www/www.mipaginaweb.com/logs/access.log
combined
```

La configuración del Apache2, que usted encontrará en el Debian GNU/Linux, incluye dos directorios para localizar sus archivos de configuración web, uno ya lo hemos visto, que es el **"/etc/apache2/webs-available"** y el otro es el **"/etc/apache2/webs-enabled"** que contiene archivos de las webs que están habilitadas.

Tal como sucede con el directorio conf.d, cada archivo de configuración en el directorio webs-enabled es cargado cuando el servidor se inicia, mientras que los archivos en webs-available son completamente ignorados.

Para crear sus archivos de configuración de host en **/etc/apache2/webs-available**, cree un link simbólico hacia los archivos en el directorio webs-enabled, eso hará con que estos sean cargados. Pero en vez de andar con links simbólicos, el paquete Debian incluye dos comandos de utilidad, a2ensite y a2dissite, que harán el trabajo necesario por usted, como se demuestra a continuación:

 # a2ensite www.mipaginaweb.com

Ahora basta recargar las configuraciones del Apache:

 # /etc/init.d/apache2 reload

Recuerde modificar su dominio con las direcciones DNS suministradas por su servidor cloud, y que la actualización de los DNS lleva algún tiempo para propagarse por internet, normalmente, entre 30 hasta varias horas para dominios nacionales terminados en ".es" y hasta 24 horas para los dominios internacionales.

Configuración finalizada, ahora ya puede subir los archivos de su proyecto en el directorio **"/var/www/www.mipaginaweb.com/htdocs"**, para facilitar la publicación use la aplicación libre FileZilla disponible para Windows y Linux que trabaja con el protocolo de transferencia de archivos en FTP y SSH.

CONFIGURAR UN SERVIDOR WEB EN EL CLOUD AMAZON (AWS)

Amazon Web Services ofrece un conjunto completo de servicios de aplicaciones e infraestructura que le permite ejecutar prácticamente todo en la nube: desde aplicaciones empresariales y proyectos de datos grandes a juegos sociales y aplicaciones para dispositivos móviles.

El panel de control (Management Console) le permite que active instantáneamente cualquier servicio. Pero seguramente la primera vez que vea la consola, le será un poco confusa, sería lo normal.

Para facilitarle un poco la vida, vamos a ver los pasos hay que ejecutar para alojar algunos dominios en el AWS (Amazon Web Services).

De entrada necesitará darse de alta en el http://aws.amazon.com, y dejar sus datos de su tarjeta de crédito para que le puedan cargar los cobros futuros. Pero no se preocupe, ya que Amazon suministra algunos servicios con una configuración muy básica gratuitamente durante 1 año, por lo menos de momento, consulte la descripción de esos servicios gratis en la página http://aws.amazon.com/es/free/.

Configurando el Servidor Web en Amazon

Verifique de que está correctamente logueado en el AWS Management Console, y que ya puede visualizar el montón de elementos que le aparecen. Obviamente, le recomiendo que revire todos esos elementos y que emplee un poco de tiempo en intentar comprender un poco sobre cada uno de ellos, por si un día necesita alguna función de las que AWS le ofrece. Ahora vamos a ver que servicios vamos a configurar:

- EC2 (Amazon Elastic Compute Cloud);

- Security Groups;

- Elastic IP;

- Route 53 (DNS);

Instancia EC2

Ese servicio le permite crear una máquina virtual en la estructura Cloud de Amazon. En este caso optamos por usar el Ubuntu Server 64 bits, distribución GNU/Linux gratuita, y que se entiende perfectamente bien.

- Haga clic en el link "EC2", para acceder al panel de control de las máquinas virtuales.

- Seleccione la región donde desea alojar la Máquina Virtual, en el menú superior, al lado de su nombre, hay un comboBox para eso, recomiendo que escoja la región más próxima al mayor volumen de usuarios (visitantes de la web), yo uso "Madrid".

- Haga clic en el botón "**Launch Instance**".

- Seleccione el modo de creación de la instancia, opté por "**Quick Launch Wizard**".

- Defina el nombre de la máquina (Servidor Web, Servidor Webs, etc..).

- Defina el "**Key pair name**", nombre de la clave pública y privada para conectarse mediante (SSH) una instancia. Haga la descarga de la clave en el momento de la creación, ya que después no será posible realizar la rescarga.

- Seleccione el sistema operativo para usar en la Máquina Virtual (en este caso optamos por Ubuntu Server 64), y haga clic en "**Continue**";

- Revise las configuraciones y avance para finalizar la instalación

- La instancia de su máquina virtual ya está instalada en el entorno Cloud de Amazon.

Accediendo a su instancia usando SSH

Para ello, solamente tiene hacer clic en su instancia con el botón derecho e ir a la opción "**Connect**". Se le mostrará la línea de comandos para conectar vía SSH. No se olvide de aplicar los permisos "chmod 400" en el archivo .pem, sin esos permisos el SSH no funcionará. El archivo .pem es el archivo que descargó en la creación de su Key pair.

Security Groups

Es el lugar donde usted puede liberar los puertos de su servidor, la versión "**default**" viene con todo bloqueado. El **Quick Wizard** crea un **Security Group** nuevo, verifique que los puertos de SSH (22) y HTTP (80) están abiertos, sino añádalos.

Elastic IP

Amazon creará automáticamente una dirección pública para su instancia, que será algo del tipo **ec2-11-22-3-444.compute-1.amazonaws.com**. Sin embargo si usted quiere añadir una IP, sólo tiene que ir en Elastic IPs en el **AWS Management Console**, crear una IP y asociarla a su instancia. Haga eso, ya que necesitaremos esa IP en el paso siguiente.

Route 53 (DNS)

Amazon Route 53 es un servicio de DNS (Domain Name System). El sistema DNS es el sistema que traduce los nombres de dominio legibles (example.com) en direcciones IP (192.0.2.0). Usted puede usar el Amazon Route 53 para cualquier dominio o subdominio que usted tenga.

La creación de un dominio que usa Route 53 requiere sólo de algunos pasos simples:

- Registre su dominio;

- En la consola del Route 53, clic en "**Create Hosted Zone**";

- Defina el nombre del dominio (ejemplo.com), y cree la Zona DNS;

- Vuelva al listado de Zonas DNS, seleccione el dominio que usted acabó de crear y haga clic en "**Go to the Record Sets**";

- Añada una nueva entrada DNS del tipo "A", con el nombre "**www**" y el valor debe ser la IP Elástica asociada al servidor que usted creó;

- Usando las herramientas suministradas por su registro de dominio, actualice las direcciones del servidor DNS, con los cuatro servidores de nombres atribuidos al Route 53 en la zona hospedada, que están listados en la columna (NS).

Espere a la propagación de la actualización de las direcciones DNS del dominio, eso puede llevar hasta 24 horas.

Los próximos pasos son específicos de la configuración del servidor, de la instalación del Apache, PHP, MySQL, etc.

Cloud Computing como herramienta de Marketing

El modelo tradicional de Tecnología de la Información (TI), con recursos físicos planificados para atender los picos de procesamiento, demandan altas inversiones en recursos, muchas veces igualando los costes de los servicios para sistemas de alta y sistemas de baja prioridad. El modelo computacional actual tampoco responde de forma adecuada a la volatilidad del entorno económico, con sus constantes variaciones de crecimiento y caída de actividades.

Los ordenadores, los data centers y las licencias de software continúan teniendo los mismo costes en periodos de caída económica, es decir, cuando tenemos una baja utilización de las tecnologías, haciendo que los usuarios tengan sus inversiones posicionadas por encima o por debajo de lo necesario si lo comparamos a la media de varios periodos del año, causando, en ambos casos, un perjuicio económico para los usuarios que tienen los recursos de TI adecuados para atender sus demandas o gastando más de lo que se debería.

Durante muchos años, se le negó la posibilidad de crecer rápidamente a los emprendedores debido a los altos costes de TI. Expandir las operaciones hacia los nuevos mercados o ampliar la capacidad de atención, por ejemplo, eran grandes pasos y los emprendedores tenían que atender a elevadas inversiones en infraestructura de TI, conexión y servidores, cohibiendo el crecimiento y el surgimiento de varias empresas creativas.

A lo largo de la historia, se hicieron varias tentativas para eliminar la dependencia del usuario al hardware de ordenador, como por ejemplo la computación como herramienta imaginada en la década 60, los ordenadores de la red en la década de 90 y los sistemas de redes comerciales de estos últimos años.

CloudComputing4 emergió recientemente como un modelo de entrega y de acceso a datos en el cual los recursos virtualizados y dinámicamente escalados son entregados como un servicio a través de internet. Ese modelo abre nuevas oportunidades e introduce un modelo de pago de los recursos utilizados conforme al uso, eliminando las elevadas inversiones iniciales.

Recientemente, CloudComputing proporcionó un cambio en el paradigma de la computación y negocios, con el potencial de impulsar la evolución de aplicaciones y servicios en internet, en el cual los requisitos y la complejidad de TI, en relación al cliente, se reducen ostensiblemente.

Ese nuevo paradigma ha cambiado radicalmente el palesaje de TI, alterando la forma de operar, gestionar, ejecutar, implantar, desarrollar y especificar el software. Los grandes cambios en la industria están motivados por las nuevas plataformas de computación, como ocurrió en el cambio del Personal Computer(PC) hacia el modelo cliente-servidor y más tarde hacia internet y ahora hacia el CloudComputing como nuevo hardware.

El CloudComputing trajo un gran impacto en la industria, por ejemplo, suministrando soporte para las startups e incentivando la innovación, que ganaron la posibilidad de implantar un gran número de máquinas, pagando por ellas sólo la cantidad y el tiempo en que son necesarias.

Estas pueden iniciar sus operaciones de forma más rápida y barata que antes, escalando la infraestructura de TI hacia abajo y hacia arriba libremente y por una fracción del coste en relación a los modelos anteriores, lo que permitió el surgimiento de muchas de esas empresas, como Chaordic, Dropbox, Foursquare, Pez Urbano, Netflixe Pinterest, todas startups que ya nacieron soportadas por servicios de CloudComputing.

La red social Pinterest se destaca por su inviabilidad en el modelo tradicional de servidores físicos. Este pasó de 20 terabytes de datos almacenados a 350 en sólo siete meses, siendo absolutamente inviable hacer esa expansión utilizando el modelo tradicional de TI, en el cual sería necesaria la adquisición de servidores físicos. Además de eso, su infraestructura de CloudComputing estaba mantenida por un único operario cuando alcanzó la marca de 17 millones de visitantes el mes.

Igualmente, el modelo CloudComputing ha abierto grandes posibilidades para que los inversores amplíen sus experiencias y alcancen la escalabilidad que sea necesaria para el desarrollo de su investigación. Los beneficios de CloudComputing han sido recogidos por agencias del gobierno y grandes corporaciones que han establecido estrategias para su utilización. Como ejemplo tenemos la Nasdaq, Samsung, Nasa, Sega, Shell, Unilever, The New York TEAMS, Sur América Seguros, Grupo Pan de Azúcar y Líneas

Aéreas Gol que están utilizando el modelo para optimizar sus negocios.

Una razón para el éxito de CloudComputing es el hecho de la disminución de los riesgos y el aumento de la agilidad en el desarrollo de nuevos proyectos, además de la disminución de los costes totales de propiedad en infraestructura de TI, cambiando de este modo el escenario donde la mayor parte de las organizaciones tenían el 80% de su inversión en el mantenimiento de sus entornos de TI en vez de invertir en innovaciones.

Cada vez más, el CloudComputing es una alternativa presente ya que cuenta con la posibilidad de reducción y mayor control sobre los costes operacionales, alta escalabilidad, baja inversión inicial, eliminación de la necesidad de mantenimiento de infraestructura física y reducción de inversiones en hardware de data centers, así las empresas pueden concentrar las inversiones en el desarrollo de software, lo que genera valor agregado a las áreas de negocios.

Además de eso, la velocidad de los cambios en el entorno de negocio ha levantado numerosas preguntas en cuanto al tiempo de reacción del modelo actual de TI. Con la velocidad de entrega como un punto de gran importancia, el modelo CloudComputingtende lograr acelerar los procedimientos, abriendo la posibilidad de alojar recursos en minutos en vez de semanas.

En este capítulo pretendemos demostrar cómo se utilizan los servicios de CloudComputing y cuáles son los beneficios y desafíos que, durante su utilización, ayudan a los usuarios a resolver sus problemas, a través de un análisis de los aspectos sociales y económicos a través de un caso de estudio, donde observamos detalles desarrollados pormenorizadamente.

EL CLOUD COMPUTING EN EL MERCADO

El CloudComputing trajo recientemente el modelo de entrega de servicios en los moldes de la energía eléctrica para el entorno de TI, que es una evolución de los servicios y productos de tecnología de la información bajo demanda, también llamado UtilityComputing.

En este capítulo, adoptamos la definición suministrada por el National Institute of Standards and Technology (NIST) que define CloudComputing cómo:

Un modelo para permitir el conveniente acceso a la red bajo demanda y a un conjunto de recursos compartidos de computación configurable (por ejemplo, redes, servidores, almacenamiento, aplicaciones y servicios) que pueden ser rápidamente suministrados y liberados con un mínimo esfuerzo de gestión o interacción del proveedor de servicios.

El modelo de CloudComputing tiene cinco características esenciales, que son:

- Self-service bajo demanda: los recursos computacionales pueden ser adquiridos por el usuario unilateralmente conforme a su necesidad sin cualquier interacción humana;
- Amplio acceso a la red: los recursos computacionales están disponibles en la red en tiempo real y son accedidos por medio de mecanismos estándar que posibilitan la utilización

por medio de plataformas thin o thinclient (por ejemplo, celulares, tablets, laptops y desktops);

- Pool de recursos: los recursos computacionales del proveedor están agrupados de tal forma para atender a múltiples usuarios (modelo multi-tenant), con diferentes recursos físicos y virtuales, y son distribuidos dinámicamente de acuerdo con la demanda de cada usuario;
- Elasticidad rápida: los recursos computacionales son provisionados de forma rápida y elástica, en ciertos casos automáticamente, para atender a la necesidad del usuario dando la impresión de ser ilimitados;
- Servicios Medibles: para garantizar la transparencia tanto para el proveedor como para el usuario, la utilización de los recursos debe ser monitorizada, controlada y reportada de forma cuantitativa y cualitativa.

Los tipos de oferta de CloudComputing son los más diversos, y pueden estar divididos en dos vertientes: grado de reparto y modelo de entrega. En este modelo hay cuatro grados de reparto diferentes, que son:

- Públicos: son centros de datos virtualizados fuera del firewall de la empresa. Generalmente, un proveedor de servicios dispone los recursos para las empresas bajo demanda, a través de internet;
- Privados: son centros de datos virtualizados dentro del firewall de la empresa. Puede también ser un espacio privado dedicado a una determinada empresa dentro de un centro proveedor de CloudComputing de datos;

- Comunitarios: ocurren cuando diversas organizaciones comparten los recursos de una misma infraestructura de CloudComputing;
- Híbridos combinan aspectos de ambos, públicos y privados.

En cuanto a los modelos de entregas, que también pueden ser vistos como capas, podemos dividir los servicios de CloudComputing en:

- Software como Servicio (SaaS), que es el modelo de implantación de software en el que una aplicación es licenciada para ser usada como un servicio que será provenido para el modelo de clientes bajo demanda a través de internet. Ejemplos: Google Docs, Salesforce CRM y WebEx;
- Plataforma como Servicio (PaaS), que es el modelo que suministra una plataforma para el desarrollo, soporte y entrega de aplicaciones y servicios disponibles a través de internet. Ejemplos: Microsoft Azure y Google AppEngine;
- Infraestructura como Servicio (IaaS), que es el modelo que suministra infraestructura de hardware (servidores, almacenamiento, redes), habitualmente es un entorno virtualizado, que está disponible como servicio a través de internet. Ejemplos: Rackspace Cloud Servers, GoGridCloud Storage, y Amazon Elastic Compute Cloud (EC2).

El ascenso del CloudComputing como un paradigma para la entrega conveniente de servicios a través de internet, emergió recientemente, cambiando el escenario de TI y transformando la promesa de las largas fechas del UtilityComputing en una realidad.

A medida que disminuyen los recelos y se esclarecen las desinformaciones que aún circulan por el mercado, vemos cada vez más modelos de negocios completamente basados en el CloudComputing del tipo público cómo, por ejemplo, las empresas norteamericanas NetFlix y Foursquare y el brasileño Pez Urbano.

CASO DE ESTUDIO. VISUAL ATTENTION SERVICE

Dueña de marcas conocidas como Scotch, Post-it, Thinsulate, Scotch-Brite y el kit de primeros auxilios Nexcare, la 3M es una empresa que opera en más de 60 países y tiene una facturación anual de 15.000 millones de euros. Con 75 mil operarios, de estos, más de 7 mil dedicados únicamente a la investigación dando soporte de más de 40 plataformas de tecnología diferentes de la empresa.

De entre los varios grupos de investigación de la empresa, 3M tiene un grupo de científicos dedicados a estudiar como el cerebro humano procesa las informaciones visuales, desarrollando algoritmos para identificar en una escena visual lo que una persona percibirá, siendo esta área de investigación una de las más utilizadas en los muchos productos de la empresa.

Los profesionales del área de diseño gastan mucho de su tiempo trabajando en la creación y mejora de los materiales de marketing, sin embargo, no saben cómo las personas están viendo su trabajo hasta que este esté concluido.

Con el objetivo de suministrar medidas predictivas como la creación de los diseñadores que será percibida por el público, antes que esta esté concluida, la empresa desarrolló un prototipo de una aplicación web llamada de Visual Attention Service(VAS), mostrado en la Figura 1.

Figura 1 - Tela inicial de autenticación del VAS

Fuente: 3M (2013a).

Donde antes era necesario que el diseñador se enredara en largas sesiones de grupo, que solamente ocurrían cuando los materiales de marketing alcanzaban un estado próximo al final, con el VAS este puede tener acceso a las informaciones de cómo su trabajo está siendo percibido durante el proceso de elaboración, pudiendo gracias a ellos realizar modificaciones directamente sobre la creación.

El VAS dio la posibilidad a los diseñadores para que prueben sus creaciones de forma eficiente usando los modelos de atención visual basados en algoritmos que permiten identificar qué partes de sus materiales de marketing van a ver los usuarios, durante cuánto tiempo, en qué orden y cuáles tienen mayor probabilidad de ser recordados. Esas informaciones ayudan en la redefinición de las páginas web, carteles, anuncios y otros materiales de marketing para lograr un mayor impacto y un mayor retorno de la inversión.

Después de registrarse en la aplicación VAS, se permite el procesamiento de 10 imágenes de forma gratuita, después de eso es necesario que el usuario adquiera más créditos mediante un pago, como ejemplo 15 créditos a coste de 349,99 dólares.

Para iniciar el uso de esta tecnología, basta con que el usuario efectúe la carga de fotos de entornos físicos o de un diseño gráfico hacia la aplicación, conforme la Figura 2, que muestra una imagen cargada en la aplicación lista para iniciar la realización del análisis.

Figura2 - Pantalla principal del VAS

El mecanismo de procesamiento de la aplicación evalúa el énfasis visual de la imagen y devuelve como retorno un mapa indicativo, que utiliza marcas como las vistas en mapas de calor, de las áreas que probablemente atraerían más la atención del usuario.

Con el resultado del análisis científico comprobado, el VAS muestra tres resultados que merecen destacar, como se puede visualizar en la Figura 3, donde se puede observar:

- Heatmap: muestra un mapa de calor de la imagen con las partes que son más susceptibles de recibir la atención del espectador en los primeros 3 a 5 segundos. Las áreas marcadas en rojo y amarillo son las más propensas a recibir

73

la atención, el azul y el verde son las menos propensas a llamar la atención inmediata de forma confiable.

- RegionMap: suministra un resumen de alto nivel del Heatmap con un mapa de las áreas que tienen probabilidad de llamar la atención en los primeros 3 a 5 segundos.
- Visual Sequence: muestra la dirección más probable en la que el ojo va a seguir para ver la imagen.

Original

Heatmap

Region Map

Visual Sequence

Figura3 - Resultados del Análisis del 3M VAS

Siendo inicialmente alojado en un entorno on-premises, la 3M deseaba que la aplicación VAS funcionara con eficiencia y como parte de los procesos de diseño existentes de sus clientes, siendo necesario:

- Estar disponible para los clientes en tiempo real;
- Ser capaz de procesar imágenes y retornar resultados casi inmediatos;
- Ser escalable rápidamente para atender rápidamente picos de diseño, como, por ejemplo, antes de los plazos publicitarios de días festivos;
- Acarrear bajo riesgo inicial en inversiones para la 3M;
- No tener la necesidad de implantar data centers en todo el mundo.

LA SOLUCIÓN

Para atender las necesidades de la aplicación, la 3M creyó que el modelo de CloudComputing era el más eficiente, siendo el Microsoft Azure el escogido debido a las semejanzas entre el servicio y el entorno de desarrollo actual de la empresa, lo que proporcionó una enorme ventaja, haciendo la decisión de migración fácil.

Los costes de licencias del Microsoft Azure, fueron considerados por la 3M como insignificantes para la empresa y su utilización elimina las molestias asociadas con la adquisición y gestión de infraestructura, liberando al equipo de TI para concentrarse en el crecimiento del negocio.

El uso del modelo de CloudComputing posibilitó que la empresa realizara la implantación en diferentes países, sin ninguna inversión inicial de capital y con recursos de colaboración rápidamente escalables. El VAS hace uso del servicio Active Directory (control de acceso del Microsoft Azure) para realizar la autenticación de usuarios y posibilitar el acceso a varios componentes del servicio basado en las credenciales del usuario, eliminando la necesidad de desarrollo de ese componente de la aplicación por parte de 3M.

Como plataforma de base de datos relacional, la 3M utilizó el servicio SQL Database para realizar la gestión de las imágenes que los usuarios cargan en la aplicación y entregar los datos analíticos resultantes del mecanismo de procesamiento de imagen del VAS.

Para almacenar archivos de imágenes y los análisis generados por el mecanismo, la 3M utiliza el Storage y el Queue (servicio de fila del Microsoft Azure) para proporcionar un alto rendimiento. Aun cuando la aplicación anda con índices altos de utilización, en hora punta, el tiempo de respuesta está próximo a cero.

La utilización de los servicios del Microsoft Azure dio la posibilidad a 3M para desarrollar un servicio web altamente innovador que tiene el poder de modificar drásticamente el proceso de diseño de imágenes en entornos fuertemente dependientes adaptadas a la forma en la que el sistema visual humano responde. Ese servicio web es altamente escalable, haciendo posible a los clientes de la 3M aprovechar al máximo las inversiones en marketing por medio de la optimización de los procesos de diseño en respuesta al feedback científico sobre como los telespectadores van a responder a su trabajo.

LOS BENEFICIOS

La implantación del servicio fue fácil y eficiente, menos de ocho semanas fue el tiempo necesario para reunir la tecnología básica en torno al Microsoft Azure. Otro punto fuerte en la utilización del modelo fue el hecho de las herramientas y las tecnologías que ya estaban siendo utilizadas en el proyecto, como por ejemplo, la autenticación de formularios, totalmente soportadas por la plataforma.

Con la utilización de los servicios del Microsoft Azure, la 3M minimizó el tiempo y el coste de lanzamiento de VAS, además de obtener mayor facilidad y agilidad en el lanzamiento de actualizaciones y mejoras del producto debido a la facilidad de implantación proporcionada por los Cloud Services.

La escalabilidad proporcionada por el uso de los Cloud Services, llevó a la caída del tiempo de upload de una imagen de entre 15 y 20 segundos a entre 2 y 3 segundos y dio la posibilidad de atender un pico del sistema. Con la utilización de la plataforma, la 3M consiguió liberar el equipo de TI de las responsabilidades de adquisición y gestión de una infraestructura de soporte a sistemas dinámicos.

Manteniendo la aplicación VAS en sus data centers, al 3M tendría que aumentar el equipo de soporte. El SQL Database posibilitó que la empresa realizara la implantación internacionalmente, sin que fuera necesario migrar datos de clientes entre regiones, tener que replicar bases dados y toda la gestión de las bases de datos, que haría necesario tener a un equipo de gestión de base de datos.

La 3M estima que la utilización de los servicios del Microsoft Azure ha impulsado el crecimiento del 50% con el ahorro de tiempo y costes en la gestión, lo que libera el equipo de TI para concentrarse en el crecimiento del negocio.

Con uso de los servicios del Microsoft Azure como plataforma de entrega de una nueva tecnología, la 3M cree que puede modificar el proceso de elaboración de diseño, especialmente en las áreas que dependen de su éxito, como los escenarios. El VAS tiene que mostrar su capaz de reducir, significativamente, el tiempo y el coste de interacciones de diseño al mismo tiempo que mejora el impacto de los diseños en general, suministrando datos necesarios para optimizar prácticamente cualquier diseño visual como, por ejemplo, embalajes, anuncios impresos, señales, espacios de minoristas, banners y mucho más.

La empresa planea suministrar a sus clientes, en versiones futuras de la aplicación, la capacidad de crear bases de datos enteros de imágenes de prueba, permitiendo a los usuarios hacer experiencias como, por ejemplo, un contenido publicitario en varias escenas de diseño o una variedad de contenido publicitario en una escena especifica.

El VAS marcó el inicio de la utilización de los servicios de CloudComputing de Microsoft, pero este no es el único, ya que la 3M utiliza el Microsoft Azure en otros servicios como, por ejemplo, el de soporte al servicio digital Post-It.

Conclusiones del Caso de Estudio

El objetivo de este capítulo fue realizar un análisis de cómo se realiza la utilización de servicios de CloudComputing, los beneficios alcanzados y los desafíos de negocio que tales servicios exigen de sus usuarios. Para que fuera posible realizar tal análisis utilizamos la metodología de casos de estudios que, a nuestro parecer, indica mejor las formas de implementación de este modelo computacional.

El caso de estudio escogido fue el de 3M Visual Attention Service donde fueron utilizados los servicios de CloudComputingdo Microsoft Azure (Cloud Services, SQL Database, Active Directory, Storage y Queue) donde podemos destacar:

- Incremento de productividad de un 50% gracias al ahorro de tiempo y costes en la gestión;
- Caída del tiempo de upload de una imagen de entre 15 y 20 segundos a entre 2 y 3 segundos;
- Liberación el equipo de TI para concentrarse en el crecimiento del negocio;
- Implantación en diferentes países, sin ninguna inversión inicial de capital;
- Minimizar el tiempo y coste de lanzamiento del proyecto.

De entre los beneficios, merece la pena destacar, la liberación del equipo de TI de las tareas de gestión de infraestructura para concentrarse en el crecimiento del negocio. Los servicios de

CloudComputing permiten que las empresas concentren sus fuerzas en el desarrollo de sus negocios.

A través de la exposición de ese estudio también se verificaron aspectos importantes para los usuarios, donde fueron realzadas las razones por las cuales estos deberían caminar para la adopción de este tipo de servicio. Se cree que con la elección de la carga de trabajo correcta, se pueden obtener interesantes beneficios.

Conclusiones

Los desafíos de este estilo de computación que no supera los puntos negativos y la utilización en el mercado de la Cloud Computing son factores motivadores para su aprendizaje y utilización. Se puede destacar su alto grado de flexibilidad y coste de operación dinámico, pagado por demanda, por el volumen de uso, como sus principales puntos positivos.

En este libro se buscó identificar las oportunidades, así como los desafíos asociados a la utilización de los servicios de Cloud Computing. Para los desafíos presentados se pretendió realizar un análisis y presentar su utilización de las mismas, para que sirva de ayuda a las empresas en la adopción de este estilo de computación.

REFERENCIA BIBLIOGRÁFICA

Para la realización de este libro se han traducido, interpretado, leído, consultado y contrastado información de las siguientes fuentes de información.

Libros

Princípios e tendências em Green Cloud Computing, de Carlos Becker Westphall y Sergio Roberto Villarreal.

Handbook of Cloud Computing, editado por Borko Furht y Armando Escalante

Un Feedback ao Marketing utilizando serviços de Cloud Computing de José Madureira Junior, Adani Cusin Sacelloti y Reginaldo Sacelloti.

Páginas Web

http://blogalizando.com.br

http://wikipedia.org

ACERCA DEL AUTOR

Ángel Arias

Ángel Arias es un consultor informático con más de 12 años de experiencia en sector informático. Con experiencia en trabajos de consultoría, seguridad en sistemas informáticos y en implementación de software empresarial, en grandes empresas nacionales y multinacionales, Ángel se decantó por el ámbito de la formación online, y ahora combina su trabajo como consultor informático, con el papel de profesor online y autor de numerosos cursos online de informática y otras materias.

Ahora Ángel Arias, también comienza su andadura en el mundo de la literatura sobre la temática de la informática, donde, con mucho empeño, tratará de difundir sus conocimientos para que otros profesionales puedan crecer y mejorar profesional y laboralmente.